WAS BLEIBT

IN STILLEM GEDENKEN

Euer Sohn Pit

Idee, Design & Layout: Pit Vogt

<u>Impressum</u>

Herstellung und Verlag:
BoD – Books on Demand, Norderstedt
ISBN: 9783754311110

Das, was mir bleibt, ist Euer Licht
Und eine Hoffnung
Tief in mir
Erinnerung im Angesicht
Und Mama sagt: Komm, weine nicht
Doch wein´ ich still am Grabe hier

Das, was mir bleibt, ist Euer Wort
Ist Euer Lachen
Mamas Traum
An diesem furchtbar kalten Ort
Seid ihr so nah
Und doch weit fort
Verfängt sich mancher Wunsch im Baum

Mir fehlt jetzt Mamas schützend´ Hand
Ihr Lachen auch
Ihr lieber Gruß
So einsam ists mir jetzt im Land
Nimm mich noch einmal an die Hand
Wir fliehen vor dem letzten Schluss

Ihr beide gabt mir Halt und Kraft
Und Euren Segen
Euer Licht
Ihr seid am Ziel
Ihr habt´s geschafft
Ich denk an Euch
Bei Tag
Und Nacht

Das, was mir bleibt,
Ist Euer Licht

Für meine geliebte Mama und meinen Papa
In tiefer Trauer

Inhalt

Was bleibt

Nach all dem Leben
Was bleibt da noch
Nach dem Nehmen
Geben
Nach dem endlos weiten
Streben
Nach den vielen
Seelenbeben
Sag es mir:
Was bleibt uns noch

Nach all den Träumen
Was bleibt da noch
Nach den dutzend
Blöden Freuden
Nach dem
Viel zu viel Versäumen
Nach dem
Allzu viel Vergeuden
Sag mir jetzt:
Was bleibt uns noch

Nach all den Kriegen
Was bleibt uns noch
Nach den vielen dummen Lieben
Nach dem Gehen
Dem Versiegen
Nach dem
Plötzlich wieder kriegen
Sag mir doch:
Was bleibt da noch

Nach all dem Leben
Was bleibt uns noch
Nach allem Zweifeln
Hoffen
Sehen
Nach dem
Niemals mehr
Verstehen
Nach dem letzten Winken
Gehen
Weißt du nicht
Was bleibt da noch

Am Grab
(An Euch)

Die Welt ist noch die gleiche
Doch Ihr seid nicht mehr da
Ich steh an einer Weiche
Und gar nichts mehr ist klar

Die Atos fahren weiter
Die Wolken ziehen fort
Manch' Tag ist trüb
Ist heiter
Mich hält nichts mehr am Ort

Warum seid Ihr gegangen
Ich komm damit nicht klar
Bin tief in mir gefangen
Nichts ist mehr
Wie es war

Erinnerungen schlagen
Die Seele wund und tot
Da sind so viele Fragen
Da bliebt noch so viel Not

Jetzt wart' ich hier am Grabe
Und Regen fällt ins Gras
Wo ich nichts denk
Nichts sage
Sind nur die Augen nass

Ich kann „Ade" nicht sagen
Vielleicht bleibt ein „Bis bald"
In Nächten und manch' Tagen
Friert Trauer
Bitterkalt

Noch hör ich Eure Stimmen
Sie sind so nah bei mir
Im Herz
In meinen Sinnen
Am Grab
Bei Euch
Und hier

Die Welt ist nicht die gleiche
Denn Ihr seid nicht mehr da
Ich steh auf einer Weiche
Weil nichts ist
Wie es war

Boulevard der Tränen

Hier am Boulevard der Tränen
Seh ich geliebte Menschen
Sie alle sind gegangen
Ich verneige mich vor ihnen
Und sing den leisen Song
Nur hier
Am Boulevard der Tränen

Hier in diesen Einsamkeiten
Hör ich die alten Lieder
Die wir einst gesungen
Ich will sie mit Euch jetzt singen
Und sing laut den schönsten Song
Für Euch
Am Boulevard der Tränen

Tief in meinen Wunderwelten
Spüre ich die neuen Zeiten
Die ich einstmals träumte
Ich will sie ewig weiterträumen
Und träume still vom Wiedersehn
Mit Euch
Am Boulevard der Tränen

Ich komm mit Eurem Tod nicht klar
Ihr seid so nah
So nah
So nah
Ich denk so oft, wies damals war
Als ich Euch hörte, spürte, sah

Erinnerungen wiegen schwer
Sie brennen tief
So tief
So tief
Jetzt scheint die Zeit mir lang und leer
Weil ich im Traum oft nach Euch rief

Einst waren wir ein gutes Team
Erlebten viel
So viel
So viel
Heut fehlt ihr mir
Auch Lebenssinn
Es ist so trüb
Ganz ohne Ziel

Beim Friedhof weht ein kalter Wind
Und Regen fällt
Aufs Grab
Ganz sacht
Dort, wo wir fest zusammen sind
Ist unser Traum
Der lebt und wacht

(ohne Titel)

Lost

Nachts spiegeln sich die Straßen
In den Augen
Den weinend
Nassen
Allein trittst du in Pfützen
Niemand kann dich stützen
Und du frierst dich durch die Regennacht
Weil dein Gesicht nie wieder so lacht

Nachts spiegeln sich die Träume
In der Seele
In schwarzgraue Räume
Dass man nur ja nichts versäume
Dir fehlt das Glück
Du suchst nach Freude
Und du schreist dich durch die triste Nacht
Weil dein Herz nicht mehr schlägt wie
Gedacht

Nachts spiegeln sich Gelüste
Die es geben müsste
Jenseits mancher Drogen
Oder Küsse
Einsamkeit bleibt
Die bittersüße
Und du gierst dich durch die heiße Nacht
Weil deine Liebe irgendetwas Sau-Blödes macht

Nachts spiegeln sich die Tode
Die du stirbst
Die du verdirbst
Jenseitig aller schön-skurrilen Mode
Erfriert dir der Leib
Die Pfote
Und du stirbst dich durch die starre Nacht
Weil deine Hoffnung in Stücke
Zerkracht

Das Schweigen

Das Schweigen ist wie eine Brücke
Eine Brücke ins Nirgendwohin
Es zeigt dir die Starre und die Einkehr in das Reich
Ein Reich, welches weit von hier
Und doch gleich neben dir ist
Du kannst es nicht sehen
Und doch ist es so nah, dass du in ihm bist
Das Schweigen ist eine Brücke
Die Brücke in dein Ich
Es zeigt dir den Weg
Den Weg, wohin du gehen musst
Um dich selbst zu erkennen
Es ist das Wortlose
Etwas, das du jetzt brauchst
In diesem Schweigen drückt sich so viel aus
Lass dein Gesicht
Regungslos
Und starre in die Weite
In die Tiefe
In die Unendlichkeit
Des Augenblicks
Dann wirst du erkennen
Erkennen, was es ist
Das Schweigen ist eine Brücke
Die Brücke zu dir selbst
Zu einer fremden Welt
Die du doch kennst
Fürchte dich nicht

Beim Mond

Am Waldesrand steh ich so gern
Schau hoch hinauf zu all den Stern
Die sind so weit entfernt und klein
Ich würde gern bei ihnen sein

Doch sind sie viel zu weit entfernt
So wie die Sonne, die mich wärmt
Und meine Träume tragen mich
Durchs ferne All
Gar wunderlich

So nah dagegen scheint der Mond
Der über allen Wäldern thront
Er ist so hell und warm und rund
Ich schau ihn an zur Abendstund

In seinem Licht fühl ich mich gut
Da schöpf ich Kraft und neuen Mut
Er spricht zu mir
Auch wenn er schweigt
Bei ihm vergeht nicht Stund, nicht Zeit

Erzähl von meinen Sorgen ihm
Frag oft ihn nach dem Lebenssinn
Manchmal, wenn einsam ich,
Allein
Dann will ich gern bei ihm nur sein

Er gibt mir Trost
Er gibt mir Halt
An jenem Rand vom dunklen Wald
Wenn sich bei Tag oft nicht viel lohnt
Geh ich des Nachts zu ihm,
Zum Mond

Ist eine Wolk vor ihm mal schwer
Weiß ich, dahinter wartet er
Ist er auch weit
Ist er auch fern
Ich brauch ihn sehr
Ich hab ihn gern

Am Waldesrand tief in der Nacht
Bin ich bei meinem Mond auf Wacht
Wir zwei sind Freunde ewiglich
Ja, das sind wir:
Der Mond und ich

Angst

Ich habe Angst
Angst davor, wie es wohl für mich weitergeht
Angst, ob sich die Erde für mich weiterdreht
Angst vor dem bitteren Erkennen
Dass nichts ewig ist, was wir auf Erden kennen

Ich habe Angst
Angst vor einem bittersüßen Morgen
Angst vor den nimmermüden Sorgen
Angst, dass ich niemals mehr ein Kind geworden
Denn ich fühlte mich einst so sehr geborgen

Ich habe Angst
Angst, ganz ohne Mama weiter hier zu leben
Angst, das alles nicht mehr zu verstehen
Angst, vor all den Ängsten nicht mehr zu bestehen
Ich habe Angst vor einem neuen Weiterleben

Doch der Herr sprach:
Fürchte Dich nicht
Ich bin bei Dir
Und Du bist nicht allein

Ich habe Angst vor einem traurig tristen Weiterleben
Ich habe Angst vor diesem Sterben, dem Gehen und Vergehen
Ich habe Angst vor der Erinnerung an jenes alte Leben
Ich habe Angst vor einem kalten Niemals-Wiedersehen

Fürchte dich nicht

Wirst du diesen einen Tag noch überleben
Wirst du nach dem Tag wohl von uns gehen
Angst beherrscht die nimmermüde Seele
Und wie immer ich mich ewig traurig quäle
Werde ich wohl bald allein auf dieser Erde stehen

Ich kann dich nicht halten, wenn du gehen musst
Ach, es bleiben nur die Tränen nach dem letzten Schluss
Plötzlich spüre ich, was im Leben wirklich zählt
Und ich weiß, was immer mich auch ziellos quält
Gibt es irgendwann doch einen wundervollen Gruß

Ja, ich weiß, wir werden uns einst wiedersehen
Müssen wir nach diesem einen Tag zu Gott dann gehen
Weiß ich doch, was mich in diesem Leben weiterhält
Weiß ich doch, was mich dann niemals wieder quält
Es ist dies ewig harte, einzigartige
Wunderbare Leben

Dein Gesicht

Gibst ihm Essen
Gibst ihm Trinken
Gibst ihm Kraft fürs Leben noch
Wirst beim Abschied lang noch winken
Wirst in Trauer dann versinken
Wirst tief fallen in ein Loch

Was ist Zeit
Was ist dies Leben
Nur die Tage
Nur das Jahr
Hast genommen
Hast gegeben
Doch die Schuld trifft beinah jeden
Nichts bleibt so
Wie es einst war

Geh den Weg
Du hast nur diesen
Schau dich nach den Menschen um
Sonne scheint auf Wälder,
Wiesen
Doch gibt's auch den Tod,
Den miesen
Wisse drum
Und sei nicht dumm

Überall ists hell und trübe
Überall ist Schatten,
Licht
Lass den Hass
Gib deine Liebe
Und wenn nagt so manch ein Triebe
Zeig die Kraft
Und dein Gesicht

Das Stückchen Leben

Das Stückchen zwischen Nacht und Tag
Das Bisschen zwischen Schwarz und Hell
Ein Stückchen Leben
Das man hat
Die Zeit läuft oft zu sinnlos ab
Und ist vorbei doch viel zu schnell

Das Stückchen Leben nimmt man hin
Man denkt nie lang darüber nach
Man gibt ihm viel zu wenig Sinn
Es kommt
Es bleibt
Es rinnt dahin
Dann ist es fort
Mit Weh und Ach

Dies bisschen Leben ist nicht viel
Ein Wimpernschlag
Ein Atemzug
Es ist mal ernst
Mal nur ein Spiel
Man kennt nicht Start und auch nicht Ziel
Oft bleibt ein leerer Wasserkrug

Ein Stückchen Leben ist ein Hauch
Im Universum sieht man's nicht
Doch sind's Millionen Träume auch
Milliarden Tränen
Manch ein Brauch
Ein Ozean aus Hoffnung
Licht

Dies Stückchen zwischen Jetzt und Dann
Das nennt sich Leben
Das sind wir
Als Mensch geboren
Frau und Mann
Geblieben ewig Kind sodann
Ein Augenblick
Ein Leben
Hier

Gedanke

Nichts ist für die Ewigkeit
Keine Güter nicht
Kein Glück
Überall bleibt letztlich Leid
Jugend gibt es nie zurück

Liebe schlägt im Herzen tief
Und sie bleibt bis an den Tod
Wenn das Dasein krumm und schief
Bleibt dir doch ein Morgenrot

Gib die Hoffnung nur nicht auf
Manchmal ist sie winzig klein
Nimm die Schmerzen stets in Kauf
Du wirst nie zufrieden sein

Trauer, Tränen – lass es zu
Schlage um dich
Das macht frei
Lass dem Denken niemals Ruh
Nein, kein Weg ist einerlei

Du, nur du bist Ewigkeit
Denn zu Gott gehst du zurück
Nur bei ihm steht still die Zeit
Nur bei ihm hast du dein Glück

Für meine Mama

Manchmal sagtest Du:
Es geht vorbei
Und ich saß nur da und schwieg
Und weinte auch
Weils bei mir mal wieder
Schief gegangen war
Doch dann lief ich los
Ins Leben – lachte laut
Und Du schautest mir noch lange nach
Und an Weihnachten brannten
Echte Kerzen
In unseren Herzen

Ich war so voller Tatendrang
Und wollte noch so viel
Und manchmal auch zu viel
Lief fort und kam doch wieder heim
Zu Dir, zu meiner stetigen Geborgenheit
Und wir waren glücklich und so froh
Und auch zufrieden
Wo heute manchmal fehlt
Mir die Bescheidenheit

Was warn es für Jahre
Meine Mama, ach
Ich liebe Dich und so wird's auch immer
Bleiben
Ich bin Dein Kind – für immer
So ist es eben
Mutter und Sohn
Und sonst gibt's nichts
Das war seit Generationen so
Wir sind füreinander da
Und doch sind's einfach viel zu wenig Worte
Für Dich
Meine Mama

Gedanken an Mama

Lange fahr ich durch den Schnee
Hinter mir die Spur verweht
Ich denk nur noch an dich
Gerade komm ich von dir
Du liegst in einem Krankenhaus
Im Wald
Und nun fahre ich wieder heim
Doch morgen bin ich wieder bei dir
Weil ich dich liebe
Und brauche
Erinnerungen spiegeln sich
Im verschneiten Wald
Am Straßenrand
Erinnerungen an meine Kindheit
Immer warst du da für mich
Jetzt bin ich es für dich
Du hast eine schwere Krankheit
Überstanden
Und ich bin jetzt da für dich
Der Schnee fällt dicht
Und die Scheinwerferkegel
Meines Wagens bohren sich hindurch
In meine Seele
Ich denk an dich
Und ich muss weinen
Was, wenn es anders gekommen wär?
Bald schon kommst du wieder heim
Dann sind wir alle zusammen
Das ist das größte Glück
Für mich

Ich denk immerzu an dich
Und fahre durch das Schneetreiben
Die Spuren verwischen sich
Und in meinem Herzen ist so viel Liebe
Nur allein für dich
Ich hab dich so lieb
Mama

Nach Hause

Es ist Sommer in der Stadt
Denk an Euch die ganze Zeit
Ob ihrs schön und ruhig habt
Heut, an diesem Sommertag
Ach, ihr seid so weit, so weit

Träume mich ins Elternhaus
Hier, in dieser großen Stadt
Manchmal halt ich's kaum noch aus
Möchte fliehen, will nach Haus
Weil ich so viel Heimweh hab

Denk an all die Feste dort,
an manch gut- und schlechtes Jahr
An so manches böse Wort
Denk an all das Leben dort
So, wie es zu Hause war

Manchmal war ich voller Frust
Wollte weg, nur einfach raus
Auf die Heimat keine Lust
Lachte kaum, verdammter Frust!
Dabei war's doch mein Zuhaus

Jetzt begreif ich immer mehr
Liebe fand ich nur daheim
Sehn mir meine Liebsten her
Ja, ich spür es mehr und mehr
Will im Geist bei Euch nur sein

Es ist Sommer in der Stadt
Denk an Euch die ganze Zeit
Dort, wo's Heimweh Flügel hat
Träum ich mich aus dieser Stadt
Träum nach Haus mich, das so weit

Am Grab

Der Regen rieselt durch die Äste
Wart auf dem Friedhof ganz allein
Gedanken um des Lebens Reste
Stelln kühl in meinem Kopf sich ein

Hier ist's so ruhig, endlose Stille
Nur Regen fällt auf manches Grab
So endgültig
Ein letzter Wille
Hier, wo man nichts zu sagen wagt

Da giert und jagt man durch die Zeiten
Da jammert man und will noch mehr
Man spürt nicht, wie die Jahr' enteilen
Wie alt man wird und schwach und leer

Die Jugend ist nicht festzuhalten
Der Reichtum nicht und nicht das Gut
Nichts ist auf Ewig aufzuhalten,
Weil irgendwann erstarrt das Blut

So will ich Einhalt mir gebieten
Denn viel zu schnell komm ich hierher
Sollt wieder neu mein Leben lieben
Sollt Lieder singen
Und noch mehr

Der Regen rieselt durchs Geäste
Und dunkel wird's im Friedhofshain
Was tu ich mit des Lebens Reste
Schlag hoch den Kragen und geh heim

Späte Heimkehr *(Ida Krause)*

Es steht ein Haus am Waldesrande
Und es fällt Schnee so weiß und sacht
Gar friedlich liegt dies deutsche Lande
Gar friedlich ist der Tag, die Nacht

Ihr Name ist Frau Ida Krause
Ihr Mann, der Kurt, zog in den Krieg
Nie kam er von der Front nach Hause
Und Ida hofft lang auf den Sieg

So viele Jahre sind vergangen
Der Krieg, das Sterben – alles aus
Sie hat mit Kurt sich gut verstanden
Vor vielen Jahrn in diesem Haus

Sie steht am Fenster, schaut zum Walde
Ob Kurt den Weg zum Haus noch find´
Er wird wohl kommen
Ziemlich balde
Und in den Bäumen spielt der Wind

Der Schnee türmt auf sich um das Häuschen
Und Ida wird es ziemlich flau
Vorm Ofen piepst ein kleines Mäuschen
Und draußen wird es kalt und grau

Da stapft durchs wüste Schneegestöber
Ein junger Mann bis vor das Haus
In Uniform und Stiefelleder
Schaut er wie ein Soldat wohl aus

Er starrt zum Fenster und zu Ida
Die schiebt leis die Gardine fort
Sie hat wohl Tränen unterm Haar da
Und beide sprechen nicht ein Wort

Sie nimmt die Feldpostbriefe an sich
Die von der Front ihr Kurt einst schrieb
Und fühlt sich leicht und gar nicht grantig
Und hat den Kurt noch immer lieb

Sie geht hinaus zu jenem Manne
Der küsst sie sacht auf ihre Stirn
Der Schneesturm tobt durchs deutsche Lande
Und kann doch gar nichts mehr zerstörn

Die beiden stapfen bis zum Walde
Und Schnee hüllt sie wien Schleier ein
Kurt war gekommen
Ziemlich balde
Und beide wolln jetzt endlich heim

Es wacht ein Haus am Waldesrande
Und es fällt Schnee so weich und sacht
Und friedlich ists im deutschen Lande
Und Ida hat sich aufgemacht

Zerrissen

Auf jenem Friedhof ist's so kühl
Die Blumen wiegen sich im Wind
Erinnerungen
Ach, so viel
An all die Zeiten
Leid und
Spiel
Ich wär so gern wie einst
Als Kind

Kein Mensch ist hier
Es ist so still
Manch Traum verweht im Regenguss
Erinnerungen
Ach, so viel
Hier auf dem Friedhof gibt's kein Ziel
Hier gibt's kein Anfang
Keinen Schluss

Ich würd so gerne bei Euch sein
Die Einsamkeit wiegt schwer
So schwer
Erinnerungen müssen sein
Doch wiegen sie schwer wie ein
Stein
Zerrissen scheint das Herz
Und leer

Auf jenem Friedhof ist's so kalt
Der Abend kommt
Und Regen fällt
Da lebt man jung
Da wird man alt
Und man vergeht zu schnell
Und bald
Was bleibt
Wenn uns hier nichts mehr hält

Alte Frau

Sie denkt sehr selten nur an Morgen
Die alte Frau ist ohne Sorgen
Sitzt auf der Bank, vorm Haus, im Tal
Und es ist Frühling
Wieder mal

Im Sommer ziehts die Frau zum Garten
Sie will jetzt nicht mehr länger warten
Die Rosen und die Nelken blühn
Sie will nochmal im Tanz sich drehn

Der Herbst zieht ein, die Blätter fallen
Auch Vogelstimmen kaum noch hallen
Die alte Frau ruht sich nun aus
Und Nebel ziehen um ihr Haus

Die alte Frau ist alt geworden
Und jenes Jahr scheint fast gestorben
Der Winter längst am Fenster leckt
Die Bank vorm Haus
Von Schnee bedeckt

Was mir bleibt
Ist die Erinnerung
An all die Tage
Jahre
Zeiten
Was mir bleibt
Ist Euer Lachen
Euer stetes
Immer weiter
Bleiben
Ist Euer Wort
Ist Eure Kraft
Und Euer Leben
Euer
Leiden
Wir bleiben stets zusammen
Egal
Wo wir auch sind
Was mir bleibt
Dass bin ich selbst
Ein Stück von Euch
Von Eurem
Ich
Ja
Ich werd Euch niemals je
Vergessen
Denn Ihr lebt tief in meiner Seele
Tief in meinem Herzen
Ich sage nicht
Ade
Ich sage nur:
Bis bald
Was mir noch bleibt
Das seid

Ihr

Abschied

So gerne würd ich mit Euch träumen
Nochmal spazieren durch den Park
Und liegen unter Mandelbäumen
Und nichts vom Leben je versäumen
Mit Euch gestalten
Jeden Tag

Würd gern mit Euch nochmal verreisen
Und Fotos machen
Ach
So viel
Und Mamas Lieder hörn
Die leisen
Wenn Züge klappern auf den Gleisen
So wie als Kind
Als alles Spiel

Noch einmal möcht ich mit Euch reden
Und lachen
Weinen
Alles halt
Ich wünscht, Ihr kämt zurück ins Leben
Jetzt sitz ich hier
Und kann nur beten
Und jeder Tag ist schlimm
Und kalt

Mit frischen Blumen komm ich wieder
Zu Eurem Grab
Und bleibe lang
Ich hör von fern´ die alten Lieder
Da ist kein Trost im letzten Flieder
Da ists in Herz und Seele
Bang